*Novena à
Bem-Aventurada Nhá Chica*

EDELVAN JOSÉ DOS SANTOS

Novena à Bem-Aventurada Nhá Chica

DIREÇÃO EDITORIAL:
Pe. Fábio Evaristo R. Silva, C.Ss.R.

REVISÃO:
Luana Galvão

COORDENAÇÃO EDITORIAL:
Ana Lúcia de Castro Leite

DIAGRAMAÇÃO E CAPA:
Bruno Olivoto

COPIDESQUE:
Denis Faria

Textos bíblicos extraídos da *Bíblia de Aparecida*, Editora Santuário, 2006.

ISBN 978-85-369-0494-8

2ª impressão

Todos os direitos reservados à **EDITORA SANTUÁRIO** – 2023

Rua Pe. Claro Monteiro, 342 – 12570-045 – Aparecida-SP
Tel.: 12 3104-2000 – Televendas: 0800 - 0 16 00 04
www.editorasantuario.com.br
vendas@editorasantuario.com.br

Beata Francisca de Paula de Jesus

Filha livre de uma ex-escrava, Francisca de Paula de Jesus, mais conhecida como Nhá Chica, nasceu por volta do ano de 1810, no distrito de Santo Antônio do Rio das Mortes, em São João del Rei (MG). Ainda criança, mudou-se com sua mãe, Isabel Maria, e seu irmão, Theotônio, para Baependi (MG), trazendo entre seus pertences uma imagem de Nossa Senhora da Conceição.

Nhá Chica perdeu sua mãe aos dez anos, ficando sozinha com seu irmão, sob a proteção de Maria Santíssima. Teve uma materna herança espiritual muito valiosa; não se casou, vivendo uma vida casta e dedicada ao próximo.

Ainda muito jovem, era procurada por todos os que necessitavam de conselhos, orações e de uma palavra amiga. Atendia-os diariamente, menos às sextas-feiras, pois era o dia que reservava aos trabalhos domésticos, à penitência e à oração incessante à Paixão e Morte de Cristo. Seu amor a Maria era tão expressivo, que compôs uma novena a Nossa Senhora da Conceição, a qual chamava de *Minha Sinhá* (Minha Senhora), e, com o patrimônio herdado do irmão, pediu que fosse construída uma capela em honra à Mãe de Jesus, doando o restante dos bens aos pobres. Depois de algumas reformas, essa igreja tornou-se o Santuário Nossa Senhora da Conceição, recebendo devotos de todo o Brasil e de outros países. Encontra-se ao lado dele a Associação Beneficente Nhá Chica (ABNC), confiada à Congregação das Irmãs Franciscanas do Senhor, que acolhe mais de 150 crianças com a ajuda de doações dos fiéis.

Nhá Chica morreu aos 87 anos, no dia 14 de junho de 1895. Seu velório durou quatro dias, e há relatos de que fora sentido pelos presentes um inexplicável perfume de rosas durante a cerimônia.

A humilde vida de Nhá Chica foi totalmente consagrada a Deus pela caridade, pelos bons conselhos e pelas orações. Francisca de Paula de Jesus foi beatificada em Baependi, no dia 4 de maio de 2013, sendo o dia 14 de junho a data oficial de celebração de sua festa litúrgica.

Oração inicial

– Em nome do Pai, do Filho e do Espírito Santo.
– Amém!
– A nossa proteção está no nome do Senhor.
– Que fez o céu e a terra!
– Ouvi, Senhor, minha oração!
– E chegue até vós o meu clamor!

– Vinde, Espírito Santo, enchei os corações de vossos fiéis e acendei neles o fogo do vosso amor. Enviai vosso Espírito e tudo será criado! E renovareis a face da terra! Oremos: Ó Deus, que instruístes os corações dos vossos fiéis com a luz do Espírito Santo, fazei que apreciemos retamente todas as coisas, segundo o mesmo Espírito, e gozemos sempre de sua consolação. Por Cristo, Senhor nosso. Amém!

Oferecimento da Novena: Deus-Pai, ao iniciar esta novena à bem-aventurada Francisca de Paula de Jesus, recorro a vossa proteção, que derrameis sobre mim vosso amor misericordioso. Ajudai-me a ter um coração semelhante ao vosso, capaz de perdoar as ofensas cotidianas e ensinai-me a rezar por aqueles que me ofenderam. Deus Trino, a exemplo da beata Nhá Chica, eu vos peço: que eu aprenda a me doar integralmente aos necessitados, dando-lhes palavras de conforto e de esperança (*pedir a graça a ser alcançada*). Pai, recebei meus pedidos e auxiliai-me na luta pela paz e por um mundo livre do pecado e da exclusão. Assim seja. Amém!

Oração final

Amado Jesus, encerrando este dia de novena, quero agradecer-vos tantas graças recebidas, a esperança restaurada em meu ser e nos ter doado vossa vida pela remissão dos pecados.

(Rezar 1 Pai-Nosso, 3 Ave-Marias e 1 Glória ao Pai.)

Senhor Deus, seguindo os passos da Beata Francisca de Paula de Jesus, vou buscar ser o auxílio àqueles que me procurarem. Espírito Santo, iluminai-me com vossa Sabedoria e vosso Conselho, para entender os desígnios do Pai em minha vida e na de meus irmãos, nunca me deixando seduzir por meus próprios interesses, mas em favor do bem comum. Assim espero por vosso amparo. Amém!

Que pela intercessão da Bem-aventurada Nhá Chica, abençoe-me o Deus Todo-poderoso. Em nome do Pai, do Filho e do Espírito Santo. Amém.

1º Dia
Nhá Chica
e a liberdade

1. Oração inicial *(p. 8)*

2. Palavra de Deus *(Gl 5,1.4-5)*

Foi para ficarmos livres que Cristo nos libertou. Continuai, portanto, firmes, e não vos deixeis prender de novo ao jugo da escravidão. Vós rompestes com o Cristo, se estais procurando a justiça na lei; decaístes da graça. Pois é pelo Espírito, em virtude da fé, que aguardamos a justiça esperada.
– Palavra do Senhor.

3. Reflexão

Jesus Cristo pagou um alto preço por nossa liberdade, entregando-se à crucificação. Hoje, somos felizes, pois temos a nossa frente o caminho da salvação; basta seguirmos os preceitos do Pai e nos desviarmos das amarras do pecado, que nos fere a alma e o corpo. O regime escravocrata no Brasil foi abolido, mas ainda há muitos que vivem em condições subumanas pela escravidão psicológica e física, aprisionados na exclusão e descaso social. Também desconhecem a libertação aqueles que se apegam aos bens materiais e aos vícios, esquecendo-se de que "o Senhor é o Espírito, e onde está o Espírito do Senhor, aí há liberdade" (2Cor 3,17). Nhá Chica era filha livre de uma ex-escrava, mas provavelmente sua missão foi árdua diante dos preconceitos da época, que perduram até os dias atuais. Que aprendamos com ela a ser firmes na fé, eliminemos de nossa vida os maus costumes e lutemos pela libertação dos irmãos sofredores sem voz e sem vez, pois Deus-Pai espera isso de cada um de nós!

4. Gesto concreto

Procurar manter uma vida longe dos vícios e maus costumes e denunciar qualquer tipo de exploração social, que fere a dignidade humana.

5. Oração final *(p. 10)*

2º Dia
Nhá Chica e a fidelidade a Maria

1. Oração inicial *(p. 8)*

2. Palavra de Deus *(Lc 1,46-49)*

Disse Maria: "Minha alma engrandece o Senhor e meu espírito se alegra em Deus, meu Salvador, porque Ele olhou para sua humilde serva; pois daqui em diante todas as gerações proclamarão que sou feliz! Porque o Todo-Poderoso fez por mim grandes coisas e santo é seu nome.
– Palavra da Salvação.

3. Reflexão

Nhá Chica perdeu sua mãe ainda criança, mas sabia que a Mãe de Deus jamais a deixaria desamparada. Francisca costumava chamá-la de *Minha Sinhá*, expressão do grande amor dedicado, em suas orações, a Nossa Senhora da Conceição. Conta-se que Nhá Chica solicitara ao maestro Francisco Raposo que comprasse um órgão para a capela a pedido de Nossa Senhora da Conceição, entregando-lhe um bilhete com o endereço no qual deveria comprar. Assim que o instrumento chegou a Baependi, não funcionou. Mas a beata disse ao músico que Nossa Senhora havia lhe falado que, no dia seguinte, às 15h da sexta-feira, o instrumento funcionaria. Inacreditavelmente, assim aconteceu.

Bendito é o filho que se lembra da Mãe da Humanidade, pois "Maria sempre nos leva a Jesus", afirmou papa Francisco. A devoção a Nossa Senhora se espalhou pelo mundo, ela faz presença na vida de todos, mas necessitamos abrir nossos olhos aos sinais de Deus, acreditando em seus mistérios revelados na pessoa de Maria, nossa querida Mãe.

4. Gesto concreto

Rezar durante esta semana três Ave-Marias por todos aqueles que renunciam o amor maternal de Maria, o qual nos conduz a Jesus.

5. Oração final *(p. 10)*

3º Dia
Nhá Chica,
a humilde serva

1. Oração inicial *(p. 8)*

2. Palavra de Deus *(Lc 1,28.30-31.38)*

O anjo Gabriel disse a Maria: "Alegra-te, ó cheia de graça, o Senhor é contigo. Não tenhas medo, Maria, porque Deus se mostra bondoso para contigo. Conceberás em teu seio e darás à luz um filho e lhe porás o nome de Jesus". Disse então Maria: "Eis aqui a serva do Senhor, faça-se em mim segundo tua palavra". E o anjo retirou-se de sua presença.
— Palavra da Salvação.

3. Reflexão

Nhá Chica ainda era jovem quando sua fama de santidade espalhou-se pela região. Iam até Baependi pobres e ricos, doentes e sãos para se aconselharem, pedirem orações e falarem das preocupações. A quem lhe perguntavam: "Quem realmente é a senhora?", referindo-se à notável sabedoria, mesmo sem saber ler e escrever, ela sempre respondia: "É porque eu rezo com fé". Nessas palavras, observa--se a humildade da serva Francisca. Se quisermos ir ao encontro do Deus-Amor, devemos primeiramente ter um coração manso e despretensioso, que não se vangloria pelos dons recebidos do Pai, mas que é capaz de se entregar aos irmãos sofredores.

Jesus mesmo nos ensina: "Eu vos bendigo, ó Pai, Senhor do céu e da terra, porque estas coisas que escondestes aos sábios e aos entendidos, vós as revelastes à gente simples" (Mt 11,25). Que, a exemplo de Nhá Chica, sejamos humildes e nos ofertemos sem medo de nos humilhar, pois a simplicidade é dom privilegiado no caminho da salvação.

4. Gesto concreto

Pôr em prática os dons recebidos do Pai em favor dos necessitados, nunca se exaltando, mas cultivando a pobreza de espírito.

5. Oração final *(p. 10)*

4º Dia
Nhá Chica,
missionária da partilha

1. Oração inicial *(p. 8)*

2. Palavra de Deus *(At 2,44-46)*

Todos os que creram estavam juntos e tinham tudo em comum. Vendiam suas propriedades e seus bens e distribuíam o dinheiro entre todos, conforme cada um precisava. Unidos de coração, frequentavam todos os dias o templo e partiam o pão em suas casas, tomando as refeições com alegria e simplicidade de coração.

— Palavra do Senhor.

3. Reflexão

Theotônio, irmão de Nhá Chica, era tenente da Guarda Nacional e vereador em Baependi. Vindo a falecer, deixou para Francisca seus bens, já que não possuía herdeiros; parte da herança foi doada aos pobres pela beata. Atitudes como essa demonstram o amor ao próximo; o pouco partilhado com Deus será multiplicado. Enganamo-nos ao pensar que só os bens materiais podem modificar a vida do necessitado. A grande escassez está na partilha do perdão e do amor. Um pratinho de comida ao morador de rua, um sorriso contagiante a quem se encontra, um abraço fraterno fazem toda diferença, pois o mundo precisa disso para ser melhor. Nhá Chica não só partilhou seus bens materiais, como também ofertou sua sabedoria para ajudar quem a procurava. Não deixemos para o amanhã; vamos juntos ofertar nossa vida em favor de uma sociedade mais justa, fraterna e livre de exclusão.

4. Gesto concreto

Convide amigos e familiares para levar comida e roupas aos moradores de rua. Também demonstre o carinho, dando-lhes atenção, um sorriso sincero e um abraço amigo. Isso fará toda a diferença!

5. Oração final *(p. 10)*

5º Dia
Nhá Chica e a confiança em Deus

1. Oração inicial *(p. 8)*

2. Palavra de Deus *(Is 43,1-3)*

Deus disse a Jacó: "Não temas; eu te resgatei, eu te chamei pelo nome, tu és meu. Quando atravessares as águas, eu estarei contigo: a correnteza não te afogará; quando passares pelo fogo, não te queimarás, a chama não te abrasará. Pois eu sou Javé, teu Deus, o Santo de Israel, teu Salvador".
– Palavra do Senhor.

3. Reflexão

"Tudo posso naquele que me dá força" (Fl 4,13). Certamente, nada é impossível para Deus, pois Ele é nossa luz, nosso sustento e nossa salvação. Apesar disso, muitas vezes caímos na tentação do desânimo e colocamos à prova se Deus realmente existe. Como

Pai Misericordioso, Ele está sempre a perdoar nossas faltas, mostrando-nos o caminho da serenidade. É principalmente nas dificuldades da vida que devemos permitir que o Espírito Santo adentre nosso coração, pedindo-lhe fortaleza para seguirmos a jornada.

Se fizermos uma breve meditação, veremos por quantos momentos felizes passamos. E, se hoje sofremos com as perdas e frustrações, é para enxergarmos que não estamos sós, que há um amantíssimo Deus a nosso lado.

Nhá Chica manteve a confiança no Pai em sua vida cristã. Ela poderia ter fracassado na fé com a perda da mãe na infância, mas se entregou aos cuidados da Mãe de Deus para seguir sua vocação.

Sigamos perseverantes em nossa caminhada, convictos de que Jesus venceu a morte para nos dar a Vida Eterna.

4. Gesto concreto

Ampare os desesperados e aflitos que se perderam na fé; dedique um momento de seu dia a ouvi-los e a orientá-los para o reencontro com Jesus Cristo, nosso Salvador.

5. Oração final *(p. 10)*

6º Dia
Nhá Chica, a conselheira do bem

1. Oração inicial *(p. 8)*

2. Palavra de Deus *(Pr 19,16.18.20-21)*

Quem guarda os mandamentos preserva sua vida, mas quem descuida a própria conduta morrerá. Corrige teu filho enquanto há esperança, mas não te excedas a ponto de matá-lo. Escuta o conselho e aceita a correção para seres sábio no futuro. Muitos são os projetos na mente do homem, mas só o desígnio de Deus se realiza.

– Palavra do Senhor.

3. Reflexão

Saber ouvir não é fácil, mas proferir sábias palavras é um inestimável dom. Embora fosse analfabeta, Nhá Chica despertou essa virtude ainda jovem, tanto que a fama de santidade cresceu rapidamente. Tinha um extraordinário discernimento para apontar o caminho correto àqueles que a procuravam; sabia orientar e escutar a todos, animando o povo de Deus na fé e na esperança. Tal sabedoria era capaz de distinguir o certo do errado e de perceber no olhar do irmão se era boa ou má sua intenção em querer o aconselhamento.

Quase impossível ao ser humano é orientar o caminho do outro sem colocar os próprios interesses em primeiro plano; e a beata Francisca possuía este dom, pois sempre aconselhou segundo o projeto de Deus.

Deixemos o Espírito Santo falar em nossos corações sem querer obter vantagens terrenas, mas servindo a todos por um mundo livre da violência, da fome ou de qualquer opressão. Assim nossos corações permanecerão em paz e todos viveremos mais felizes.

4. Gesto concreto

Peça ao Espírito Santo o dom do Conselho e da Sabedoria para ser propagador de bons conselhos, jamais sendo guiado pelos próprios interesses.

5. Oração final *(p. 10)*

7º Dia
Nhá Chica, discípula de Cristo

1. Oração inicial *(p. 8)*

2. Palavra de Deus *(Mc 10,24-27)*

Jesus disse a seus discípulos: "Meus filhos, como é difícil entrar no Reino de Deus! É mais fácil um camelo passar pelo fundo de uma agulha do que um rico entrar no Reino de Deus!" Os discípulos ficaram mais atônitos e ainda diziam entre si: "Quem pode então salvar-se?" Olhando para eles, Jesus disse-lhes: "Para os homens isto é impossível, mas não para Deus, porque para Deus tudo é possível".
— Palavra da Salvação.

3. Reflexão

Já parou para pensar que você também é convidado a ser discípulo(a) de Jesus? Muitos são chamados, mas poucos são escolhidos para a messe do Senhor. O discipulado de Cristo é uma tarefa árdua, mas possível àquele que acredita em seu amor sem-fim. Todos os dias Ele bate à porta do nosso coração para levarmos a paz e a esperança aos necessitados da Palavra libertadora. O mundo está cheio de maus projetos, que só estimulam a divisão, a violência e o desespero. Precisamos ser como a beata Francisca, semeadora do Evangelho pelos bons conselhos e pela humildade de espírito.

O seguidor de Cristo é revestido com a graça divina; é capaz de transformar muitas vidas com um simples gesto acolhedor, com um sorriso, um abraço afetuoso. Não nos deixemos dominar pela tristeza; sigamos em frente sem cessar, pois, se o Mestre nos salvou, agora é nossa missão sermos "sal da terra e a luz do mundo" (Mt 5,13-14).

4. Gesto concreto

Visitar, pelo menos uma vez ao mês, os enfermos da comunidade e os presidiários, levando-lhes Jesus presente no Evangelho.

5. Oração final *(p. 10)*

8º Dia
Nhá Chica,
a mulher orante

1. Oração inicial *(p. 8)*

2. Palavra de Deus *(Lc 11,1-4)*

Disse a Jesus um de seus discípulos: "Senhor, ensina-nos a rezar, como João ensinou a seus discípulos". E ele lhes falou: "Quando rezardes, dizei: 'Pai, santificado seja vosso nome; venha vosso Reino. Dai-nos cada dia nosso pão cotidiano. E perdoai-nos nossos pecados, porque também nós perdoamos a todo nosso devedor. E não nos deixeis cair em tentação'".
– Palavra da Salvação.

3. Reflexão

Pela oração nos encontramos com Deus, sentimos a presença paternal, que jamais nos desampara nas adversidades. O ato de orar é, acima de tudo, uma entrega total de confiança no Pai; se pedimos e não fomos atendidos, certamente é porque Ele vê mais além; sabe o que é melhor para nosso futuro. Nhá Chica entregou sua vida a Deus na oração, confiando plenamente na misericórdia divina. Conta-se que, ao herdar os bens do irmão, ela comprou certa quantia de tijolos, mas o pedreiro lhe dissera que eram insuficientes à construção da capela de Nossa Senhora da Conceição. A beata rezou fervorosamente a Deus e, pela intercessão de Maria, não faltou nem sobrou tijolo.

Que em nossas preces jamais nos esqueçamos de glorificar o nome de Deus-Pai, pedindo aos santos intercessores auxílio na caminhada de fé, pois somente o Todo-Poderoso pode operar maravilhas em nossos corações por seu infinito amor.

4. Gesto concreto

Proclame o Evangelho para aqueles que não sabem ler; aproveite o momento rezando o santo terço na intenção dessas pessoas, muitas vezes excluídas pela sociedade.

5. Oração final *(p. 10)*

9º Dia
Nhá Chica e os desígnios de Deus

1. Oração inicial *(p. 8)*

2. Palavra de Deus *(Cl 3,23-25)*

Seja qual for vosso trabalho, fazei-o de coração, como para o Senhor e não para os homens, sabendo que o Senhor vos recompensará, tornando-vos seus herdeiros. É ao Senhor Cristo que estais servindo. Pois quem comete injustiça será certamente punido por sua injustiça, sem acepção de pessoas.

– Palavra do Senhor.

3. Reflexão

Um dos maiores desafios na caminhada cristã é aceitar a vontade de Deus em nossa vida. Ao rezarmos o Pai-Nosso, dizemos: "seja feita a vossa vontade, assim na terra como no céu"; mas muitas vezes nos revoltamos contra Deus pelas adversidades que surgem. Nesses momentos, Ele quer testar nossa fé, quer que confiemos em seus desígnios, essenciais ao amadurecimento espiritual.

Nhá Chica aceitou o projeto divino, prova de seu imenso amor a Jesus. Ela poderia ter recusado servir aos irmãos, negando-lhes sua palavra amiga, seus sábios conselhos e sua oração; mas permitiu que os dons do Espírito Santo penetrassem sua alma para cumprir a missão que Deus lhe confiara.

Seguindo o exemplo da beata Francisca, que a vontade do Pai se concretize em nosso viver. Peçamos ao Espírito Santo a força necessária para enfrentarmos a tristeza e o medo que nos impedem de realizar boas ações; e cumprindo os mandamentos de Deus possamos participar da família de Cristo. Amém!

4. Gesto concreto

Reflita, durante o dia, se você tem assumido a missão lhe confiada por Deus. Tente enxergar nos contratempos a oportunidade de fortalecer sua fé e crescer espiritualmente.

5. Oração final *(p. 10)*

Índice

Beata Francisca de Paula de Jesus 5

Oração inicial 8

Oração final 10

1º dia: Nhá Chica e a liberdade 11

2º dia: Nhá Chica e a fidelidade a Maria 13

3º dia: Nhá Chica, a humilde serva................................... 15

4º dia: Nhá Chica, missionária da partilha........................ 17

5º dia: Nhá Chica e a confiança em Deus 19

6º dia: Nhá Chica, a conselheira do bem......................... 21

7º dia: Nhá Chica, discípula de Cristo 23

8º dia: Nhá Chica, a mulher orante 25

9º dia: Nhá Chica e os desígnios de Deus.......................... 28

Este livro foi composto com as famílias tipográficas Avenir, Bellevue e Calibri e impresso em papel Offset 75g/m² pela **Gráfica Santuário.**